Couvertures supérieure et inférieure
manquantes

BIBLIOTHÈQUE DU TOURISTE EN DAUPHINÉ

PROMENADES

AUTOUR D'URIAGE

GRENOBLE

Xavier **DREVET**, éditeur

LIBRAIRE DE L'ACADÉMIE

14, RUE LAFAYETTE, 14.

SUCCURSALE A URIAGE-LES-BAINS

De là le chemin tend directement vers Prémol, traverse une belle forêt de sapins et arrive en 30 m. à l'ancienne *Chartreuse* et à la *maison forestière* de PRÉMOL (2 h. d'Uriage, — 1074 m. d'altitude).

Le garde forestier est autorisé, sous certaines restrictions, à fournir lits et nourriture ; tarif.

A gauche du bâtiment forestier, ruines de la *Chartreuse de Prémol* (1).

[Il existe un sentier bien connu du garde forestier entre la maison forestière de Prémol (1074 m.) et celle du Marais sur Saint-Martin-d'Uriage (1130 m.), une heure de marche.]

[De Prémol aux pâturages de Champrousse, chemin facile bien entretenu. Chalet Tasse (1850 m. d'altitude). Des pâturages à la *Croix de Champrousse*, chemin d'ânes et mulets.]

De la Chartreuse au *Col de Prémol* et au *lac Luitel* (1240 m. d'alt.), 35 minutes.]

On peut redescendre, soit par le même chemin, soit par Séchilienne, au sud.

[Par Séchilienne : du lac Luitel à la *Croix du Col*, 10 m. Belle route de la Croix à *Séchilienne* (hôtel du Petit-Versailles chez le brave père Boissac, sur la route nationale de Briançon). De Séchilienne 1° à la gare de Vizille, 10 k. ; 2° à Uriage par Vizille, 16 k.]

L.-Xavier DREVET.

E. Desbois, 1 br. in-12, 0,50. Nous devons en outre une partie de ces notes à l'obligeance de M. Boiton, géomètre forestier.

(1) Pour la description et l'historique, voir la *Chartreuse de Prémol* par J.-J.-A. Pilot de Thorey, archiviste de l'Isère, 1 vol. in-12.

PRÉ GAUDET

Promenade facile à pied ou à âne,

2 h. 1/2 d'Uriage.

———————

Depuis deux ans le « *coup de crayon champroussien* » du prince Alexandre Bibesco ne m'était pas sorti de la tête. Dans ce langage humoristique, original et plein de saveur dont il a le secret, le prince avait fait aux lecteurs du *Dauphiné* un tableau si enchanteur du *Pré Gaudet* que je désirais vivement connaître ce nouveau site.

Mon attente, un peu longue n'est-ce pas? n'a point été déçue : le prince n'a pas seulement bien dit ; il a dit vrai.

Le chemin le plus direct passe par le hameau de *David*. On peut prendre la route de Prémol pour la laisser à droite à côté de la *scierie de Saint-Georges* (15 ou 20 minutes) au dessous de laquelle il y a des coins de paysage charmants au bord du ruisseau qui la fait mouvoir. Plus haut obliquant à gauche, on atteint le David (20 m.) puis (5 m.) un groupe de maisons appelé *Coutbelle*. On doit ensuite laisser un chemin à gauche ; du reste quand le chemin se bifurque il faut toujours suivre l'embranchement de droite, à moins que celui-ci ne monte pas. Un quart d'heure plus haut le chemin se réduit à un sentier dans le gazon. Les dernières maisons se montrent à gauche. Il faut encore une demi-heure pour atteindre la forêt, à l'entrée de laquelle on éprouve une sensation de fraîcheur délicieuse. On suit alors une vraie route dont la pente est modérée et qui décrit de grands contours en coupant de vieux chemins très rapides. Une demi-heure après on rencontre à gauche une cabane.

A cet endroit la forêt est admirable : entre les troncs de sapins, qui s'élancent droits comme des mâts de vaisseaux ou se divisent comme les branches de gigantesques candélabres, la mousse recouvre partout le sol, et le bois est si profond que les effets de lumière se succèdent de côté et d'autres à perte de vue. Une demi-heure après on débouche sur un charmant plateau où s'élève une grange. Un riche gazon le recouvre et de beaux sapins l'entourent. C'est le *Pré Gaudet*. La croix de Champrousse se montre à gauche au dessus d'un magnifique rideau de forêt. Ce pré étant horizontal, les bois masquent entièrement la vue au nord. On en jouit que mieux du charme de cette belle solitude.

Trois chemins au sud partent du Pré Gaudet. Pour aller à Champrousse en passant par le chalet Tasse, il faut prendre celui du milieu qui monte légèrement ; (20 m.) plus loin on rencontre le chemin venant de Prémol. Là un double écriteau indique la direction du Pré Gaudet et celle de Champrousse. (20 m.) plus loin encore, autre bifurcation. On lit sur l'écriteau qui s'élève à la naissance de l'embranchement de gauche : *Chalet Tasse*, Ce chalet s'élève dans les pâturages, au pied de la Roche-Bérenger, mais à peu de distance de la forêt, à une heure un quart du Pré Gaudet. Il faut de la Roche-Bérenger le même temps pour gagner la Croix de Champrousse (1).

E. Desbois.

---

(1) Voir *le Dauphiné*, nº 1046, *Ascension de la Croix de Champrousse*, par F. Bouchet.

PROMENADE A BELLEVUE
Près Vizille.

Bellevue, que les cartes désignent sous le nom de *Signal de Montchaboud* (735 m. d'altitude), est, après les pointes des Quatre-Seigneurs, le sommet le plus élevé du massif de collines qui s'interpose entre la plaine de Grenoble et celle de Vizille d'un côté, la vallée d'Uriage et celle du Pont-de-Claix de l'autre.

Course facile à pied, à âne, à cheval et presque en voiture.

Quatre itinéraires principaux :

1° *De Grenoble*. — Prendre la voiture de *Tavernolles* (départs : place Grenette, Pierres-Pontées), qui passe à Eybens et peut conduire au besoin jusqu'à *Brié* au pied de la dernière montée. De la maison Guérin au sommet, pente douce à travers les taillis.

2° *De la Gare de Vizille*. — On peut gravir directement la colline qui se dresse à l'Est, en laissant à droite le chemin de la *Croix de la Veuve* (1), ou bien se diriger sur les *Chaberts*, commune de Jarrie, ou le *Château de Bonrepos* (propr. M. Jouvin), pour, de là, monter à Bellevue par des chemins bien tracés.

3° *De Vizille*. — Suivre l'ancienne route de Grenoble par Brié jusqu'à son point culminant, en laissant à droite le cimetière et à gauche, en bas, le *château de Cornage*. Prendre ensuite à gauche, en suivant la pente jusqu'au sommet.

4° *D'Uriage-les-Bains*.— Suivre la route de Vizille : ou 1° jusqu'à l'*Hôtel des Alberges*, et prendre à droite un chemin assez raide et pierreux ombragé de noyers qui aboutit au village de Brié ; — ou 2° jusqu'aux *Guichards* pour de là suivre un large chemin en pente plus douce que le premier ; ou 3° jusqu'à *Vaulnaveys-le-Haut* et prendre à droite (en face de la maison Lentmann), la route de voitures de Brié-et-Angonnes (3/4 d'heure).

De la route Vizille-Grenoble, à Brié, se diriger sur la *maison Guérin* et suivre, en passant au *Col de la Croix de l'Orme*, et près d'une source, le chemin tracé jusqu'au point culminant.

Du sommet, coup d'œil ravissant. Au nord, la vue s'étend jusqu'à Voiron, au massif de la Chartreuse, au fond de la vallée du Graisivaudan et plonge sur Grenoble et le fort de Montavie que l'on domine de près. Au levant, forêts et rochers de Belledonne, du Colon et de Champrousse ; Chartreuse de Prémol ; vallée de Vaulnaveys. Au sud, plaine de Vizille, Mésage et Séchilienne ; escarpements de Taillefer, prairies de Laffrey et de Connexe ; plaine aride et désolée du Drac ; au couchant, vallée de Varces et du Pont-de-Claix, dominée par les rochers du Ranz-du-Buis au nord, du pic Saint-Michel, de la Grande-Moucherolle, vallées du Monestier-de-Clermont et Clelles que suit le chemin de fer de Grenoble à Marseille par Veynes.

La promenade de Bellevue n'exige qu'une demi-journée.

L.-Xavier DREVET.

---

(1) Voir Nouvelles et Légendes Dauphinoises, III. *Le Saut du Moine*, par Louise Drevet, et *le Prieuré de Saint-Michel-de-Connexe et la Chapelle de Sainte-Madeleine*, par Pilot de Thorey et Mège. — Plus loin dans la présente brochure, *La Madeleine*, par Louise Drevet.

LA MADELEINE (1)

Esquisse d'après nature.

A l'entrée de cette gorge de l'Etroit que se partagent très inégalement la route de Grenoble en Italie et la Romanche et au delà de laquelle s'ouvre la vallée de Vizille, un rocher tout-à-fait abrupt, couronné par une construction dont il est assez difficile de préciser l'âge, attire et retient volontiers le regard du voyageur.

Le houx, le lilas sauvage, la fougère, toute sorte de branchages bruns, verts, noirâtres et de mousses habillent de leurs brindilles et de leur velours ce rocher coupé en pans presque droits que le torrent évide à la base en forme de grottes sous-marines où la truite aime à chercher l'ombre.

La construction qui s'élève au sommet du rocher fut autrefois une chapelle, dédiée à sainte Madeleine, par sa fondatrice, à qui, s'il en faut croire la légende, il dût, comme à sa patronne, être beaucoup pardonné car elle avait beaucoup aimé. Une addition récente permet à la vieille chapelle de jouer tant bien que mal le rôle d'habitation.

Elle dépendait de la nomination du Maître de la Commanderie de Saint-Firmin et reste encore aujour-

---

(1) Promenade à faire en voiture.

d'hui sous le patronage spirituel de la cure de Saint-Pierre-de-Mésage, sur le territoire de laquelle est placée la Commanderie. La messe y était dite les jours de fêtes par quelque religieux des prieurés voisins.

Tout près de là, se trouvent l'ancien pont de Champ, qu'en un de ses jours de colère la Romanche a emporté, le pont du chemin de fer de Grenoble à Marseille, par Sisteron, dont une station est établie à une centaine de mètres sur l'autre rive, puis des carrières de gypse mélangé d'albâtre, fortune de leur propriétaire.

Pour accéder à ces carrières, comme aussi à la Chapelle, un pont en fil de fer léger, étroit, aérien, si aérien qu'on a des doutes sur sa solidité, accède à une voûte taillée en plein roc, qui ouvre sa buée sombre juste sous les fondations de la chapelle. Et, presque au sortir de cette sorte de tunnel, un escalier de pierres perdu sous l'enchevêtrement inextricable d'un lacis confus de ramilles conduit à ce qui fut jadis le jardin ou courtil de l'ermitage et ensuite à une plate-forme du haut de laquelle l'horizon se dédouble tout à coup et prend des proportions prestigieuses.

A l'arrière-plan, en face de soi, les hautes montagnes dentelées qui vont de Saint-Nizier à la Moucherolle et qu'échancrent le col de l'Arc et le col Vert ; dans le lointain par-dessus la ligne de collines enserrant le vallon de Jarrie, surgissent les cîmes chenues de la Pinéa et de Chamechaude, et tout à droite apparaît, par delà le mont Godard, un sommet dominé par une croix : c'est Champrousse.

La Romanche accourant de Vizille, la vaste plaine que le Drac et la Gresse stérilisent, des coteaux qui ondulent et dont le paysan pulvérise patiemment la terre pour lui arracher son seul produit, — un vin d'élite, — les châteaux de Jarrie et d'Allières, des cascades, des sommets neigeux, le Saut du Moine, des bois au milieu desquels s'ouvrent de trop larges clairières, voilà le panorama se déroulant sous le regard de la terrasse qui s'étend devant la chapelle.

Peu d'habitations dans le voisinage du vieil édifice branlant, dont une gare de chemin de fer menace cependant la solitude.

Ce paysage ainsi composé laisse à l'esprit une impression mélancolique. Je ne sais quoi, l'ombre du Passé peut-être, plane sur ce lieu désert, autour de cette demeure longtemps abandonnée, dont le toit chancelle, dont les murailles en vieux tuf sont crevassées et éraillées comme un visage de cent ans.

Il y a cinquante ans à peine, ce site désert était plus désert encore. La route qui coupe la gorge de l'Etroit n'existait point : un sentier vertigineux venant de Jarrie et qui suivait presque fidèlement les traces d'une voie antique bordait l'abîme, s'accrochant au rocher de Godard et ne permettant pas même en tous temps passage aux piétons. La Romanche coléreuse remplissait tout le défilé. C'était par de longs détours qu'on arrivait à Vizille. En revanche, le seul passage pour conduire d'une rive du torrent à l'autre, était un bac remplacé par ce pont de bois cent fois emporté par les eaux grossissantes et cent fois rétabli, dont les dernières piles s'émiettent chaque été sous l'action véhémente des hautes eaux. Auprès était une maisonnette habitée d'abord par le passeur, puis par le péager.

Pont et maisonnette sont tombés en ruines.

Lentement aussi, mais d'une façon inexorable, le Temps enfonce plus traîtreusement ses griffes dans la façade brune de la « Chapelle » dont les toits crevassés, irréguliers, s'embrouillent, s'enchevêtrent, recouvrant la vieille demeure, mais ne la protégeant pas plus qu'un manteau troué ne protège l'échine d'un pauvre.

Vienne un *restaurateur* inintelligent et cette Chapelle qui a probablement pris la place et s'est antée sur les débris de quelque construction romaine dont un ou deux vestiges se laissent encore entrevoir dans ses substructions, disparaîtra pour faire place à la maison de campagne, moderne, confortable et bête (1).

Qui se douterait, à voir cet abandon, cette solitude et cette misère, qu'un drame intimément mêlé à l'histoire de notre pays, s'est dénoué là ? Que là, des émotions poignantes ont été ressenties ; qu'à l'ombre de ce clocher, aujourd'hui en ruines, des cœurs ont battu, aimé, souffert.

Cette histoire, si attachante et si dramatique, qu'un conteur nous la dise, nous faisons silence.

Louise DREVET.

(1) Ces lignes ont été écrites en 1874. A la place de la Chapelle portraicturée par Rahoult, remarquée par Hébert, où nous passâmes pendant plusieurs années quelques jours tranquilles, s'élève aujourd'hui la maison moderne prévue et redoutée.

EXCURSION

AU SIGNAL DE NOTRE-DAME-DE-VAUX

(1713 MÈTRES).

On part de Grenoble par le chemin de fer de Gap, et on prend un billet d'aller et retour pour Saint-Georges-de-Commiers. — A Vizille , on quitte le train pour prendre la voiture de La Mure (1), qui vous dépose sur les 10 h. à Laffrey (2).

Après un rapide déjeuner, on prend le chemin du hameau de Font-Reynier, et on s'élève par une pente douce et de bons sentiers jusque sur l'arête de Conex, près du petit village de Lachal. On suit alors les sentiers qui cotoient l'arête en se dirigeant vers le sud, et en 2 h. 1/2 de marche commode on arrive au Signal do Saint-Jean-de-Vaux, d'où l'on découvre un horizon circulaire des plus étendus, sur les montagnes de la Chartreuse, le massif de Belledonne, un peu de l'Etendard, Taillefer, l'Obiou et toute la chaîne du Villard-de-Lans, du Mont-Aiguille jusqu'au Moucherotte.

De là, une heure de trajet au travers de prairies

---

(1) Les promeneurs partant d'Uriage rejoindront la voiture de La Mure sur la place du Château à Vizille.

(2) Hôtel Hippolyte Charlaix. Bon restaurant. •

charmantes, où l'on trouve deux petits lacs, vous amènent au Signal de Notre-Dame-de-Vaux (1713 m.) plus au sud, et d'où la vue est encore plus étendue.

Du Signal, on peut descendre sur Monteynard en une heure et demie, pour prendre alors la route de La Motte qui vous ramène à Saint-Georges-de-Commiers.

On peut revenir jusqu'à la dépression qui sépare le Signal de Notre-Dame-de-Vaux de celui de Saint-Jean-de-Vaux, et prendre là, sous bois, un sentier rapide, une sorte de draie qui, en deux heures vous amène à Notre-Dame-de-Commiers.

Mais il vaut mieux reprendre le chemin de l'arête, et revenir en une heure et demie au hameau de Lachal, d'où un bon chemin descend en moins de deux heures à Saint-Georges-de-Commiers.

On peut souper au restaurant de la gare, et le dernier train qui passe à Saint-Georges vers 8 heures, vous ramène à Grenoble à 9 h. 1/2.

La dépense totale pour cette charmante excursion où un guide est absolument inutile, s'élève à environ 12 fr. par tête.

H. F.

TRAVERSÉE du MASSIF de la CHARTREUSE

Par les cols de Bovinant et de Valefroide.

On part de *Grenoble* à 6 heures du matin (Voiture Lasserve, angle des rues Montorge et de France. Prix : 5 fr. de Grenoble au Couvent). On passe à Saint-Robert, au Fontanil, à Voreppe ; en faisant la montée de la Placette, on jouit d'un beau coup d'œil sur la vallée du Graisivaudan, et on arrive à 9 heures et demie à *Saint-Laurent-du-Pont*. On en repart à 10 heures sur un petit char de montagnes qui permet d'admirer à loisir la magnifique gorge de Fourvoirie, le pont Saint-Bruno, le pic de l'Œillette, etc., et on arrive à 11 heures et demie au *Monastère de la Grande-Chartreuse*.

On y déjeune assez confortablement (prix : 2 fr. 25) et si l'on n'a pas l'intention de visiter l'intérieur du Couvent, on peut se mettre en marche à 1 heure. — En 1 heure et demie on arrive aux pâturages et aux chalets de Bovinant, par un bon chemin qui a quitté celui du col de la Ruchère, un peu avant la chapelle de *Notre-Dame de Casalibus*.

De Bovinant, ascension du *Grand Som* (1 heure), d'où l'on découvre une vue des plus étendues sur le massif de la Chartreuse, les Alpes du Dauphiné, le

Mont-Blanc et les plaines du Lyonnais. Trois quarts d'heure pour la descente. On sera donc de retour à Bovinant à 5 heures du soir.

En traversant le *col de Bovinant*, on pénètre dans la *forêt des Eparres*, et en 1 heure et demie on arrive au *Château d'Entremont*, d'où trois quarts d'heure suffisent pour descendre à *Saint-Pierre-d'Entre-mont*.

Excellente auberge chez Mollard ; souper, coucher et déjeuner pour 5 fr. par tête. Il faudra y ajouter quelques provisions pour le lendemain. (Prix très variés).

Le second jour, on part de Saint-Pierre-d'Entre-mont de très bonne heure, à 4 heures et demie par exemple. En trois quarts d'heure on se rend à *Saint-Mesme*, d'où l'on va visiter les *Sources du Guiers-Vif* qui s'échappe en magnifiques cascades d'une curieuse grotte creusée dans la paroi de *l'Anche-du-Guiers*.

De Saint-Mesme on met 1 heure et demie par le bon sentier de la rive droite pour gagner l'entrée de la grotte. Si l'on est muni de torches ou de lanternes, on pourra employer une heure à visiter l'intérieur de la grotte. Ensuite, en moins d'une heure, on sera de retour à Saint-Mesme, où l'on pourra déjeuner avec une partie des provisions emportées.

A 9 heures et demie, on quitte Saint-Mesme par un sentier qui gravit la montagne à gauche et rejoint, en trois quarts d'heure, le grand chemin de *Valefroide*. A une heure de là on arrive au grand cirque de Vale-froide, d'où il faut encore un peu plus d'une heure pour arriver au *col de Valefroide* (1800 m. environ), ouvert dans la paroi rocheuse de l'*Aut-du-Scieu* et de l'*Arpette*. De là, vue magnifique sur la plaine du Grai-

sivaudan et les Alpes Dauphinoises. Deuxième colla-
tion.

Du col de Valefroide, que l'on peut quitter à 1 heure ou 1 heure et demie de l'après-midi, il faut moins de quatre heures pour descendre par un bon chemin à la gare du *Cheylas*, en passant par le hameau des *Près*, le village de *Saint-Georges* et le bourg de *la Buissière*.

A 6 heures, on prend le chemin de fer qui vous ramène à Grenoble, à 8 heures du soir.

La dépense de cette seconde journée se composera des provisions emportées, des rafraîchissements à la Buissière et du ticket de chemin de fer (3 fr.). Si l'on est nombreux, on se répartira en outre la dépense du guide, indispensable pour la visite des grottes, et que l'on pourra garder jusqu'au col ; de cette façon, la dépense totale pourra ne pas dépasser 20 fr.

H. F.

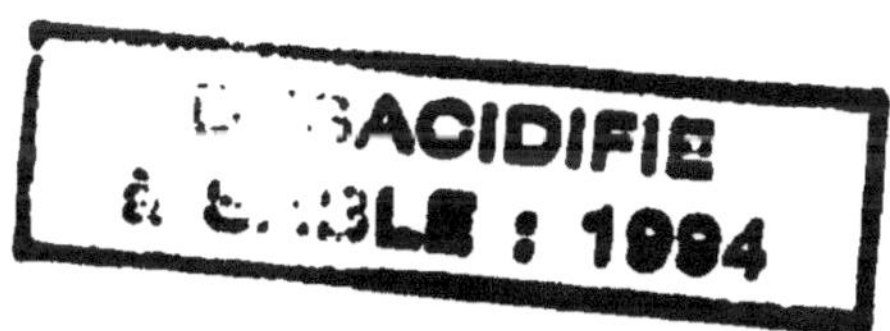